Irische Segenswünsche für jeden Anlass

Irische Segenswünsche

für jeden Anlass

benno

Bibliografische Information der Deutschen Nationalbibliothek.
Die Deutsche Nationalbibliothek verzeichnet diese Publikation in der Deutschen Nationalbibliografie;
detaillierte bibliografische Daten sind im Internet über http://dnb.d-nb.de abrufbar.

Besuchen Sie uns im Internet:
www.st-benno.de

ISBN 978-3-7462-6512-4

Zusammengestellt von Ingrid Dlugos
Umschlaggestaltung: Ulrike Vetter, Leipzig
Umschlagmotiv: © stock.adobe.com/Anna Nekotangerine
Gesamtherstellung: Arnold & Domnick, Leipzig (O)

Inhalt

Ein gutes Wort vermag viel ...

Sitzen Sie auch oft grübelnd vor einer leeren Glückwunschkarte und finden nicht den richtigen Anfang oder die passenden Worte, um auszudrücken, was Sie gern weitergeben wollen? Aber nicht nur zu freudigen Anlässen möchten wir unsere Anteilnahme bezeugen. Wie wichtig ist doch tröstender Zuspruch an Menschen, die in schwierigen Lebenssituationen stecken oder vielleicht gerade einen lieben Menschen verloren haben.
Diese Sammlung mit irischen Segenswünschen soll Sie inspirieren und Ihnen helfen, Gedanken und Wünsche, die Sie gern weitergeben möchten, auszudrücken. Stellen Sie einen irischen Segenswunsch an den Anfang Ihres Textes und Sie können sich mit eigenen Worten immer wieder darauf beziehen.
Irische Segenswünsche haben eine lange Tradition. Die Christen im alten Irland waren sehr bodenständige und empfindsame Menschen mit einer tiefen Spiritualität. Ihr alltägliches Leben, das Empfinden von Glück und Freude, Gefahr und Bedrohung, von Kommen und Gehen und von dem Respekt vor

Gottes Schöpfung wird getragen von einer offenen Frömmigkeit und einem tiefen Gottvertrauen.
Irische Segenswünsche können ermutigen, Kraft und Trost spenden und manchmal mit einer Portion gesunden Humors Situationen wieder ins „rechte" Licht rücken.
So wünsche ich Ihnen, dass Sie mit Ihren Worten das Herz und die Seele des Empfängers für einen Moment berühren und damit ein Stück seines Weges begleiten.

Ingrid Dlugos

GEBURT

Mein Wunsch für dich:
Möge Gott auf dem Lebensweg,
der vor dir liegt,
dir vorangehen.
Mögest du die hellen Fußstapfen
des Glücks finden
und ihnen auf
dem langen Weg folgen.

Die Engel des Herrn
geben dir Schutz
auf dem Meer der Zeit
und sollen dein kleines
Lebensschiff bewahren
in Klippen und Sturm.
Der Herr und seine Boten
mögen dich beschützen allezeit.

Mög' der Himmel dich bewahren
vor Gefahren, Angst und Pein,
möge stets ein guter Engel
deines Lebens Hüter sein.

Mein Kind!
Der Herr sei vor dir,
um dir den rechten Weg zu weisen.
Der Herr sei neben dir,
um dich in die Arme zu schließen,
um dich zu schützen vor aller Gefahr.
Der Herr sei hinter dir,
um dich zu bewahren
vor der Heimtücke böser Menschen.
Der Herr sei in dir,
um dich zu trösten,
wenn du traurig bist.
Der Herr umgebe dich
wie eine schützende Mauer,
wenn andere dir Böses wollen.
Der Herr sei über dir,
um dich zu segnen.
So segne dich der gütige Gott –
heute und morgen und allezeit.
Hl. Patrick von Irland

Möge das Auge des großen Gottes,
das Auge des Gottes der Herrlichkeit,
das Auge von Mariens Sohn,
das Auge des erhabenen Geistes
über dich wachen und dich beschützen
zu jeder Zeit.
Es blicke auf dich
sanft und großmütig
an jedem Tag in deinem Leben.

Ich netze deine Stirn mit heiligem Wasser,
mit drei Tropfen netze ich sie
und taufe dich im Namen der Dreifaltigkeit.

Kraft des Windes sei mit dir,
Kraft des Mondes und der Sonne.

Güte des Meeres sei mit dir,
Güte der Erde und des Himmels.

Liebe der Menschen sei mit dir
und Freundlichkeit und nie ein Harm.

Der Engel Gottes wache
an deiner Seite
und, wenn es nötig ist,
mit Feuer und Schwert.
Gottes Engel beschützen
dich allezeit.

Möge der erste Schritt, den du ins Leben tust, ein Gang wie auf Wolken sein.

Vom ersten Tag an

Möge Gott dir von diesem ersten Tag deines Lebens an kein Hindernis in den Weg stellen.

Ein Engel behüte dich

Du Gott des Lebens, du lieber Gott, schütze dieses Kind vor allem verderblichen Zauber und vor dem Dunkel des Bösen.

Segen des Lebens

Mögen die Engel Gottes
immer mit dir sein,
dich schützend begleiten
auf dem Weg durch den Tag,
vom ersten Hahnenschrei
bis zum Aufzug des Mondes,
auf dem Weg durch das Jahr,
vom Aufblühen der Knospen
bis zur Ernte,
auf dem Weg durch das Leben,
vom Kind bis zum Greis.

Gottes Lächeln

Gottes Lächeln sei über deiner Wiege,
Gottes Lächeln sei über deinem ersten Schritt,
Gottes Lächeln sei über allen deinen Wegen,
Gottes Lächeln sei über allem, was du tust.

Möge Gott deinen Lebensweg eben machen.

Mögen die Gaben, die Gott dir verliehen,
mit den Jahren wachsen
und mögest du alle, die dir begegnen,
mit Freude beschenken.

Möge ein Engel am Tag schützend bei dir sein
und auch nachts an deiner Seite wachen.

Mögen deine Pfade ins Leben
von tausend Engeln begleitet sein,
wenn du aber fällst, und Unheil droht,
mögen zehntausend Engel dich auffangen.

Wo immer das Glück wohnen mag,
mögest du vom ersten Augenblick deines Lebens
seine Spur finden.

Möge auf dem Weg deines Lebens
Gott ein ständiger Begleiter sein,
vom Augenblick deiner Geburt
bis zur Stunde deiner Vollendung.

Möge Gottes Segen
wie ein leuchtendes Gestirn
immer über dir schweben,
wie die glutrote Sonne,
wenn sie strahlt am Tag über die Gräser
der wilden Wiesen.

TAUFE

Das Taufgebet

Dieser kleine Wasserspritzer für deinen Körper,
dieser kleine Wasserspritzer für deine Stimme,
dieser kleine Wasserspritzer für deine zarte
Sprache.

Dieser kleine Wasserspritzer für dein Vermögen,
dieser kleine Wasserspritzer für deine
Großzügigkeit,
dieser kleine Wasserspritzer für deinen Appetit.

Dieser kleine Wasserspritzer für deine Gesundheit,
dieser kleine Wasserspritzer für dein Leben,
dieser kleine Wasserspritzer für dein Wohlbefinden.

Neunfacher Spritzer der Gnade für dich.

Mögen viele warme Segenswünsche
dein Leben begleiten. Für alles, was du tust, empfange tausend Segen.

Möge Gott dir von der Quelle,
die nie versiegt,
zu trinken geben.
Gesegnet sei der Lauf deines Lebens.

Für den Lebensweg

Allgemein

Gottes Macht halte dich aufrecht,
Gottes Weisheit leite dich,
Gottes Hand bewahre dich
gegen die Fallstricke des Bösen,
gegen alle, die dir schaden wollen.

Mögen deine Schuhe
auf deiner Lebensreise nicht löchrig werden,
wenn aber doch, bedenke,
dass man barfuß ins Paradies gelangen kann.

Gott umfange dich,
dass dir Luft zum Atmen bleibt,
dass dir Feuer zum Wärmen bleibt,
dass dir Wasser zum Trinken bleibt,
dass dir die Erde zum Leben bleibt.
Gott umhülle dich.

Mögest du die Weisheit haben
zu wissen, wo du gewesen bist,
die Voraussicht
zu wissen, wohin du gehen wirst,
und die Einsicht
zu erkennen, wenn du Gefahr läufst,
zu weit zu gehen.

Möge von Zeit zu Zeit deine Seele leuchten
im Festkleid der Freude.
Möge von Zeit zu Zeit deine Last leichter werden und
dein Gang beschwingt wie beim Tanz.
Möge von Zeit zu Zeit eine Melodie aufsteigen
vom Grund deines Herzens, um dem Leben einen
Gruß zu senden wie der Vogel am Morgen.
Möge von Zeit zu Zeit des Himmels Licht
in dein Herz dringen.

Mögest du so leben,
dass du das Leben zu nutzen verstehst.

Gott hat dich mit Freunden gesegnet;
mit Frohsinn und Spaß,
mit Regen, der so weich ist
wie das Licht der Sonne.
Gott hat dich mit Sternen gesegnet,
um jede Nacht zu erleuchten.

Gott hat dir Verstand gegeben,
um Falsches von Richtigem zu unterscheiden.
Er hat dir so viel gegeben,
gebe er dir auch ein Herz,
das immer dankbar ist.

Wenn du dich entschlossen hast,
neue Wege zu gehen,
möge dich eine schützende Hand begleiten,
auf dass dein Mut belohnt werde.

Da ist eine Zeit zu arbeiten
und eine Zeit zu ruhen,
eine Zeit zu pflegen
und eine Zeit zu säen,
eine Zeit zu sorgen
und eine Zeit zu ernten,
eine Zeit im Stall
und eine Zeit für den Markt,
und da ist auch eine Zeit,
sich danach zu sehnen, dass alles getan ist, und
Gott dafür zu danken.

Die Liebe und Zuneigung
des Himmels seien mit dir,
die Liebe und Leidenschaft
der Heiligen seien mit dir,
die Liebe und Gewogenheit
der Engel seien mit dir,
die Liebe und wärmende Kraft
der Sonne seien mit dir,
die Liebe und das wegweisende Licht
des Mondes seien mit dir –
an jedem Tag und in jeder Nacht
deines Lebens.

Möge es Momente in deinem Leben geben,
in denen keine Vergangenheit das Jetzige trübt
und keine sorgenvolle Zukunft
dir das Erleben dieses Augenblicks verwehrt.

Segen der Erde mit dir.
Segen des Meeres mit dir.
Segen des Windes mit dir.
Segen der Bäume mit dir.
Segen des Wassers mit dir.
Segen der Felsen mit dir.
Segen der Sterne mit dir.
Siebenfacher Segen komme über dein Haus
und über alles, was dir lieb ist.

Möge dein Kelch
mit Glück und Gesundheit
überfüllt sein.

Ich wünsche dir:
Mauern für den Wind
und ein Dach für den Regen
und etwas zu trinken am Feuer –
Gelächter, um dich aufzuheitern,
jene, die du liebst, um dich
und alles,
was dein Herz sich nur wünschen mag.

Nicht immer soll dein Weg eben sein,
ohne Hindernisse und Schwierigkeiten
und ohne Regen und Stürme.
Gerade diese sind für dich bestimmt,
deinen Weg nachdenklicher zu gehen,
deine Nächsten und auch die Fremden
nicht zu vergessen.

Möge dein Glück so rund sein
wie der Vollmond in der klaren Nacht,
dein Unglück so schmal und klein
wie der Neumond.

Ich wünsche dir Augen,
die die kleinen Dinge des Alltags wahrnehmen
und ins rechte Licht rücken.

Lebe in Frieden mit Gott,
wie du ihn jetzt für dich begreifst;
und was immer deine Mühen und Träume sind
in der lärmenden Verwirrung des Lebens –
halte Frieden mit deiner Seele.

Möge ein Engel dir zur Seite stehen,
wenn die Decke brüchig wird,
wenn Stürme aufziehen und
dein Lebenshaus erschüttert wird.
Auf dass du bewahrt bist
und unversehrt bleibst,
selbst wenn um dich herum
doch alles einstürzt.

Nimm dir Zeit zu arbeiten –
das ist der Preis des Erfolges.
Nimm dir Zeit zu denken –
das ist die Quelle der Macht.
Nimm dir Zeit zu spielen –
das ist das Geheimnis der Jugend.
Nimm dir Zeit zu lesen –
das ist die Grundlage der Weisheit.
Nimm dir Zeit, freundlich zu sein –
das ist der Weg zum Glück.
Nimm dir Zeit zu träumen –
sie bewegt dein Gefährt zu einem Stern.
Nimm dir Zeit zu lieben und geliebt zu werden –
das ist das Vorrecht der Götter.
Nimm dir Zeit, dich umzusehen –
der Tag ist zu kurz, um selbstsüchtig zu sein.
Nimm dir Zeit zu lachen –
das ist die Musik der Seele.

Mögest du nie den Glauben
an dich selbst verlieren
und so manchen kleinen Berg
versetzen können.

Möge deine Wahl stets richtig sein,
wenn dein Lebensweg sich gabelt,
wo du den Weg nicht einsehen kannst
und auch kein Licht von ferne lockt.
Auf dass nicht Angst dich wie gelähmt
verharren lässt,
sondern du mutig und entschieden
die ersten neuen Schritte tust.

Mögest du die sanften Schwingen
der Engel spüren in lauen Nächten
und an harten Tagen.
Sie sind die Sendboten des Herrn.
Mögen sie dir Vertrauen und Kraft schenken
für deinen Weg des Lebens.

Mögest du starke Wurzeln haben,
die dich halten in den wechselhaften
Winden der Zeit.
Möge Freude stets dein Herz erfüllen,
Gottes Kraft sollst du spüren allezeit.

Den tiefen Frieden im Rauschen der Wellen
wünsche ich dir.
Den tiefen Frieden im schmeichelnden Wind
wünsche ich dir.
Den tiefen Frieden über dem stillen Land
wünsche ich dir.
Den tiefen Frieden unter den leuchtenden Sternen
wünsche ich dir.
Den tiefen Frieden vom Sohne des Friedens
wünsche ich dir.

Möge Alleinsein dich nie einsam machen,
sondern dir Kraftquell sein in turbulenten
Alltagszeiten.
Auf dass du selbst dich als den treuesten Freund
erfährst
und diese Zeit allein dir wieder Lust
auf andere schenkt.

Der Herr segne und behüte dich,
er erfülle deine Füße mit Tanz,
deine Arme mit Kraft,
deine Hände mit Zärtlichkeit,
deine Augen mit Lachen,
deine Ohren mit Musik,
deine Nase mit Wohlgeruch,
deinen Mund mit Jubel,
dein Herz mit Freude.
Es segne und behüte dich der Herr.

Möge die Sonne in deinen Augen
nie untergehen.
Mögen deine Gedanken wie die
Frühlingsblüten der Bäume sein.
Möge dein Glück rund wie der Vollmond sein.
Möge deine Seele sich auf Flügeln erheben
hin zu dem Ort, wo sie Ruhe findet.
So kannst du sein, wie Gott dich will.
Es segne und behüte dich Gott –
Vater, Sohn und Heiliger Geist.

Möge dein Arm nicht schwer werden,
wenn du die Hand zur Versöhnung ausstreckst.
Möge dein Fuß nicht erlahmen,
wenn du auf deinen Widersacher zugehst.
Mögen dir Engelsflügel wachsen,
wenn du von diesem Gang zurückkehrst.

Mögest du mit allen auf gutem Fuß stehen,
wenn es geht.
Aber gib dich selbst dabei nicht auf.
Heuchle keine Zuneigung,
wo du selbst sie nicht spürst.
Verachte die Liebe nicht und
rede nicht verächtlich von ihr,
wo sie sich regt.
Sie erfährt so viel Entzauberung,
erträgt so viel Anfechtung und
wächst doch voll Geduld immer
wieder neu wie Gras.

Möge dein Engel dir immer auf deinem Weg
vorausgehen, und mögest du in seine
Fußstapfen treten können.

Mögest du immer für deine Hände
etwas zu tun haben. Mögest du immer eine Münze
in der Tasche haben.
Immer möge das Sonnenlicht auf deinem
Fenstersims schimmern
und in deinem Herzen die Gewissheit wohnen, dass
nach dem Regen ein Regenbogen folgt. Die gute
Hand eines Freundes möge dir immer nahe sein,
und Gott möge dein Herz mit Freude erfüllen und
deinen Geist ermuntern, dass du singst.

Mögest du den Schlüssel zum Paradies finden.
Mögest du ihn nicht im Milchtopf suchen, bedeckt
mit silbernem Rahm, sondern tief im Herzen,
bedeckt mit goldenen Taten.

Mögest du keinen Abend erleben,
an dem du dich wegen eines vergessenen Lächelns
schämen musst.

Möge Gott dich niemals aus dem Blick verlieren.

Wenn du jemandem ein Stück Brot gibst,
schenke ihm auch ein Lächeln dazu,
denn das ist die richtige Würze für seine
Mahlzeit.

Möge dein Freund Glück heißen bei allem,
was du tust, und möge Kummer immer ein
Fremdling für dich sein.

Möge dich immer das Licht
des Himmels bescheinen,
und wenn dich der Schatten des Bösen trifft,
möge er vor dir Reißaus nehmen.

Mögest du immer gesund bleiben
und mögen Krankheit und Unheil
einen weiten Bogen um dein Haus machen.

Der Morgen erfrische dich,
der Mittag erquicke dich,
der Abend segne dich.

Möge Gott dich auf deinem Weg
immer auf gute Möglichkeiten stoßen lassen.

Möge das Glück dieser Erde
deinen Weg kreuzen
und dich immer wieder treffen.

Mögest du immer Arbeit haben,
für deine Hände etwas zu tun,
aber möge der Sonntag
ein Ankerplatz für deine Seele sein.

Der Herr segne deine Hände,
die schenken können
und maßvoll nehmen, Dinge schaffen,
die Freude bereiten.

Möge der erste Fisch,
den du heute für deinen Nachbarn fängst,
der Anfang eines vollen Netzes
als Lohn für deine Arbeit
am Abend sein.

Halte Frieden mit deiner Seele,
höre auf ihren Atem.
Lebe achtvoll!
Versuche, glücklich zu sein.

Der Herr möge Ruhe in dein Gemüt flechten,
deinem Herzen Stille schenken.
Er bewahre dich vor allem Bösen
und nehme die Unruhe von dir.
Möge der Frieden des Herrn
immer mit dir sein.

Möge Gott uns das Unwetter
ohne Verlust und Schaden überstehen lassen
und auch die bösen Seiten unserer Seele.

Die kleinen Zeichen am Rand deines Weges
mögest du nicht übersehen:
den Tau auf den Spitzen der Halme,
den Sonnenschein, der den Fenstersims wärmt,
die Regentropfen auf den Blättern der Blüten,
das spontane Lachen der Kinder.

Für junge Menschen

Möge Gott auf dem Weg,
den du vor dir hast, vor dir hergehen.
Das ist mein Wunsch für deine Lebensreise.
Mögest du die hellen Fußstapfen
des Glücks finden
und ihnen auf dem ganzen Weg folgen.

Mögen gute Tage deinen Weg begleiten,
freundliche Menschen dir begegnen,
und die Sehnsucht führe dich zum Ziel.
Mögen die Heiligen dich stets beschützen.
Das wünsche ich dir für deine Lebensreise.

Auch die Leiter zu den Sternen
mögest du besteigen,
auch wenn der Aufstieg
beschwerlich und steil,
vielleicht eine Sprosse bricht,
es ist dein Weg,
Gott knüpft stets ein Netz für dich.

Mögen Zeichen an der Straße
deines Lebens sein,
die dir sagen, wohin du auf dem Wege bist.
Mögest du den Mut haben,
die Richtung zu ändern,
wenn du die alte Straße
nicht mehr gehen kannst.

Wo immer das Glück sich befindet,
hoffe, an seinem Ort zu sein.
Wo immer ein Mensch lächelt,
hoffe, dass dieses Lächeln dir gilt.
Wo immer die Sonne aus den Wolken schaut,
hoffe, dass sie für dich scheint,
damit jeder Tag deines Lebens
dich mit seinem Licht empfängt.

Ich wünsche dir, dass du jeden Tag
vom Morgen bis zum Abend fröhlich bist,
und mögest du immer Glück haben
und ein Lied in deinem Herzen.

Möge der Himmel, den du siehst,
immer blau sein
und deine Träume sich erfüllen.
Deine Freunde sollen wahrhaftig sein
und deine Freude vollkommen.
Mögen Glück und Lachen deine Tage erfüllen –
jetzt und immerdar.

Mögest du gute Freunde haben,
die dich lieben und schätzen,
denen du genügst, wie du bist.
Mögen gute Worte mehr wiegen
als das Geld in deiner Tasche.

Am Morgen und am Abend
möge dich die Liebe Gottes begleiten.
Sie möge dich beschützen,
sie möge dich stärken,
in guten und in schwierigen Zeiten.

Mögen Vernunft und Weisheit dir immer ein treuer Begleiter auf deinem Lebensweg sein.

Sei treu gegen dich selbst.
Daraus folgt so sicher wie die Nacht dem Tage, dass
du gegenüber deinem Nächsten
nichts falsch machen kannst.

Das wünsche ich dir von Herzen:
jemanden, den du lieben kannst,
genug Arbeit, stets etwas Sonne,
ein Quäntchen Fröhlichkeit
und einen wachsamen Engel in deiner Nähe.

Möge dein freundliches Lächeln für den, der friert,
der beste Mantel aus Lammfell sein.

Möge dich der Himmel
mit guten Freunden segnen.

Licht möge um dich sein,
Licht außen und innen.
Wo du auch bist,
mögen freundliche Menschen
dir begegnen.

Möge Gott dir einen gesunden
Menschenverstand geben
und Weisheit deinem Herzen.

Für die Lebensmitte

Gott erhalte euch glücklich und gesund
und gebe euren Nachbarn Liebe und Frieden,
und wenn die Zeit auf Erden zum Ende kommt,
bringe Gott euch in das königliche Haus
des Himmels.

Mögest du die kleinen Wegweiser
des Tages nie übersehen:
den Tau auf den Grasspitzen,
den Sonnenschein auf deiner Tür,
die Regentropfen im Blumenbeet,
das behagliche Buckeln der Katze,
das Wiederkäuen der Kuh,
das Lachen der Kinder,
die schwielige Hand deines Nachbarn,
der dir einen Gruß über die Hecke schickt.
Möge dein Tag
durch viele kleine Dinge groß werden.

Möge dein Lebensschiff
nie vom richtigen Kurs abkommen und
möge der Wind für dich immer günstig stehen.

Freue dich an deinen Erfolgen und Plänen
und strebe danach weiterzukommen,
doch bleibe bescheiden.
Denn im wechselnden Glück des Lebens
bleibt niemand immer oben.

Kraft des Windes sei mit dir,
Kraft des Mondes und der Sonne.
Güte des Meeres sei mit dir,
Güte der Erde und des Himmels.
Liebe der Menschen sei mit dir
und Freundlichkeit und nie Sorgen.
Mögest du einst ruhen in weichen Kissen,
in den Händen des Herrn, deines Erlösers.

Gott sei dir Anfang und Ende.
Er sei dir Führer,
damit du den Weg nicht verfehlst.
Er sei dir Helfer in Not und Leid.
Er behüte dich vor Stolz und Trägheit.
Er lasse dich das Werk vollenden,
das du in seinem Namen tust.
Und erwarte deine Seele,
wenn deine Zeit auf Erden zu Ende geht.

Möge der Schöpfer des Universums,
der auch dir das Leben gab,
sich von den Toren des Himmels herabbeugen,
um dich zu segnen.
Er segne deinen Tag und deine Arbeit,
er segne deinen Kopf und deine Füße,
er segne dein Herz und deinen Mund,
er segne deine Familie und das Vieh.
Er segne auch deinen Nachbarn
und den Kranken, den du nicht kennst.
Er segne dein Alter und deinen Tod.
Denn nichts wächst und reift und wird Frucht
ohne den Segen dessen,
der über dich und die Welt wacht.

Beim ersten Licht der Sonne –
sei gesegnet.
Wenn der lange Tag vorüber ist –
sei gesegnet.
Dein Lächeln und deine Tränen –
sie seien gesegnet.
Jeder Tag deines Lebens –
sei gesegnet.

Mögen die Freundschaften, die du schließt,
die sein, die halten,
und all deine grauen Wolken
wahrhaftig klein sein.
Mögest du auf den vertrauen,
zu dem wir beten.
Möge ein Lied dein Herz erfüllen
auf jedem Schritt deines Weges.

Mögen die Flügel eines Schmetterlings
die Sonne küssen
und deine Schulter finden,
um sie zu erleuchten
und dir Glück zu bringen,
heute, morgen und alle Tage.

Möge der Regenbogen
für dich wie eine Brücke sein,
über die du ins himmlische Paradies gelangst.
Mögen die sieben Farben des Regenbogens
für dich wie die sieben Siegel der Treue Gottes zu
dir sein.

Wie der Regenbogen
als Zeichen des Friedens
die Enden der Erde verbindet,
so mögen auch deine Seele und dein Körper
in Einklang und Harmonie mit der Schöpfung und
dem Schöpfer verbunden sein.

Möge Gott deinen Lebensunterhalt nicht verringern wie auch die Gesellschaft deiner Freunde.

Das Licht deines Herzens
weise dir den Weg,
damit Gott gegenwärtig ist
in allem was du tust;
damit du nie deiner Arbeit überdrüssig wirst,
sondern sie möge deine inneren Kräfte wecken
und deine Seele bereichern.

Möge dir deine Arbeit gut gelingen,
auch werfe dich ein Missgeschick nicht zurück.
Möge jeder Handgriff, den du tust,
ein Wort deines Gebetes sein.

Möge dein Herz planen,
deine Hände mögen schaffen.
Friede deiner Hand und denen
du sie reichst.

An Leidens- und an Freudentagen
möge das Lächeln Gottes mit dir sein
und du dich ihm nahe fühlen,
wie es sein Sehnen für dich ist.

Der Gürtel Christi umspanne dich
im Namen des Herren,
der den Wind den Wellen schenkte.
Er möge dich sicher nach Hause bringen
am Ende jeden einzelnen Tages.
Wärme erfülle dein Herz
im Dunkel der Nacht,
und eine sanfte Straße
führe dich nach Hause.

Im Alter

Nimm die Zahl deiner Jahre
mit Freundlichkeit an
und gib deine Jugend mit Anmut zurück,
wenn sie endet.

Möge der gute Gott dir stets reichlich an Gütern,
Glück und Zufriedenheit schenken,
dass du gut leben und mit anderen teilen
kannst.
Möge er stets bei dir sein, wenn dein Weg
durch die Finsternis des Lebens geht.
Möge er dich beschützen und bewahren.
Und mögest du ihn als Hüter deines Lebens
erfahren und preisen.

Mein Wunsch für dich ist,
dass du in deinem Herzen dankbar bewahrst
alle kostbaren Erinnerungen an dein Leben.

Möge dein Herz sich in Dankbarkeit
an reiche und erfüllte Lebenstage erinnern.
Mit den Jahren möge jede Gabe wachsen,
die Gott dir verliehen hat,
um andere mit Freude zu erfüllen
und glücklich zu machen.
Und bedenke, wie du es auch tust:
Gott lächelt dir zu.

Möge dein Haar weiß werden,
dein Herz aber jung bleiben.

Möge Gott deine Schritte sicher machen, möge
Gott dir jede Tür öffnen,
möge Gott jede deiner Straßen erhellen,
und möge Er dich in seinen Händen tragen.

Mögest du die reichen Lebenstage in deinem Herzen dankbar bewahren. Möge die Gabe der Liebe von Jahr zu Jahr wachsen, damit du alle, die dich umgeben, mit Freude erfüllst. Mögest du auch in Stunden des Leids wissen, dass Gott dir zulächelt.

Möge das Licht deiner Seele so stark sein, dass es dich im Alter leitet. Mögest du keine Angst vor dem Alter haben und deine Sorgen schwinden wie das Eis in der Sonne.

Möge die rechte Hand Gottes dich auch im Alter führen. Die Gnade Christi verteidige dich gegen den Feind. Der Herr möge dein Herz auf friedlichen Wegen lenken,
durch Christus, unseren Herrn.

Mögest du leben, bis du alt bist,
und Gott dienen, der im Himmel herrscht,
und möge ein herzliches Willkommen
dich erwarten im ewigen Paradies.

Möge der gute Gott ein sanfter Weg vor dir sein,
ein leuchtender Stern über dir,
ein wachendes Auge hinter dir,
an diesem Tag, in dieser Nacht, in meinem Leben.

Mögest du mit dem Gott des Lebens
in Frieden leben und er dir eine Stütze sein.
Sei er für dich wie ein Stern, sei er wie ein Ruder,
wenn du den Weg bis zur Auferstehung gehst.

Ich wünsche dir einen Tag
voll Harmonie und
das Gefühl der Dankbarkeit am Abend.
Ich wünsche dir Frieden,
den Frieden des Herrn,
er ist Friede für alle Zeit.

Bewahre die kostbaren Erinnerungen
und Erfahrungen des Lebens in deinem Herzen.
Sie sind die Schatzkammern,
aus denen du in schweren Stunden leben wirst.

GEBURTSTAG

Allgemein

Mögest du immer gute Gedanken haben.
Gott schenke dir
das Lachen eines Kindes,
den Wagemut eines Mannes und
die Weisheit einer alten Frau.

Möge das Glück es immer
gut mit dir meinen,
mögest du von guten Freunden
umgeben sein,
möge dir jeder neue Tag
eine besondere Freude bringen,
die dein Leben heller macht.

Möge das neue Lebensjahr gut zu dir sein.
Mögen dich viele Segenswünsche erreichen,
mögest du Gemeinschaft und Freunde haben,
um alle Wege des Lebens sicher zu gehen.

Mögen Frieden und Freude
deine Welt segnen
und mögen alle Jahreszeiten deines Lebens
dir und den Deinigen das Beste geben.

Möge Gott dir viele Jahre gewähren,
er weiß ganz bestimmt,
dass die Erde zu wenig Engel hat
und der Himmel übervoll von ihnen ist.

Möge Freude stets dein Herz erfüllen.
Möge dein Lied niemals verstummen,
mögest du immer lebendig bleiben,
vom Kopf bis zu den Füßen.

Mindestens die Hälfte deiner Wünsche
mögen sich erfüllen,
und die schmerzlichen Prüfungen des Lebens
mögest du bestehen,
doch bewahre vor allem deine Heiterkeit,
so geht das Leben leichter voran.

Mögest du
... in deinem Herzen
das vergangene Lebensjahr
in Dankbarkeit bewahren.

Mit jedem Jahr wachsen die Gaben,
die Gott dir schenkte,
um alle, die du liebst,
mit Freude zu erfüllen.

In jeder Stunde,
Freude und Leid,
lächelt der Menschgewordene dir zu –
bleib du in seiner Nähe.

Ich wünsche dir
die zärtliche Ungeduld des Frühlings,
das milde Wachstum des Sommers,
die stille Reife des Herbstes
und die Weisheit des erhabenen Winters.

Mögest du wohlhabend sein
und ein glückliches, langes Leben haben.

Möge stets jemand
an deiner Seite sein,
der dir von der Weisheit
des Lebens spricht,
mit dem du lachen kannst und
der deine Lieder kennt.
Und am Ende des Tages hülle
der warme Mantel der Liebe
dich zärtlich ein.

Mögen deine Sorgen gering,
die guten Wünsche
für dich aber zahlreich sein,
und nur das Glück trete durch deine Tür.

Ich wünsche dir sieben wahre Freuden:
Freude an deiner Gesundheit,
Freude an deiner Verwandtschaft,
Freude an deinen Freunden
Freude an Schafen,
Freude an deinen Söhnen und Töchtern,
Freude am Frieden,
Freude an Gott.

Sei gesegnet beim ersten Licht der Sonne
am Morgen des neuen Tages.
Sei gesegnet am Abend,
wenn dein Tagwerk vollbracht ist.
Sei gesegnet an jedem Tag deines Lebens.

Gott segne dich,
er gehe dir voran
und weise dir den richtigen Weg.
Gott sei in deiner Nähe
und lege seinen Arm sanft um dich.
Gott sei hinter dir,
schütze dich vor allem Bösen.
Gott sei unter dir,
dich aufzufangen wie ein Netz.

Mögest du Freunde haben,
denen du vertraust.
Mögen dir Menschen begegnen,
die dir helfen, wenn du sie brauchst.
Möge jede Gabe Gottes in dir wachsen,
die dir geschenkt wurde,
dass immer du Kraft findest,
anderen Hoffnung zu schenken.

Für junge Menschen

Wo immer das Glück sich aufhält,
hoffe, ebenfalls dort zu sein.
Wo immer jemand freundlich lächelt,
hoffe, dass sein Lächeln dir gilt.
Wo immer die Sonne aus den Wolken bricht,
hoffe, dass sie besonders für dich scheint.
Damit jeder Tag deines Lebens
so hell wie nur möglich sei.

Jeder Tag möge
glückliche Stunden dir schenken,
die das ganze Jahr dich begleiten.
Möge jeder Morgen dir Freude bringen
und jeder Abend Frieden.
Die Sorgen dagegen
sollen nur wenig sich mehren.
Die Segenswünsche, die dich erreichen,
mögen sich vervielfachen und
in deinem Herzen Freude bereiten.

Möge das Glück immer
greifbar sein für dich,
mögen gute Freunde immer
in deiner Nähe sein,
möge dir jeder Tag, der kommt,
eine besondere Freude bringen,
die dein Leben erhellt.

Dass die Gaben Gottes in dir wachsen,
dass einen Freund du hast,
der deiner Freundschaft wert,
dass dein leuchtendes Herz dir den Weg weise,
das wünsche ich dir.

Mögen dir wahre Freunde zur Seite stehen,
wenn Liebesglück zu Kummer wird,
wenn wilde Tiere dir das Herz zerreißen
und die Verzweiflung alle Grenzen sprengt.
Auf dass du Halt finden wirst in starken
Armen,
bereit, dich aufzufangen.

Jeder Tag möge glücklich für dich werden.
Deine Gedanken sollen fröhlich sein
wie die irischen Kleeblätter;
dein Herz sei leicht wie ein kleines Lied.

Möge dein Leben heiter sein
wie eine sprudelnde Quelle,
die Tage fröhlich
wie das unbesorgte Lachen eines Kindes,
die Stunden voller Licht und Freude.
So wirst du stets die unendliche Lebenskraft
der Blumen in dir tragen und
deinem Leben Sinn und Richtung geben.

Mögest du Weggefährten haben,
die mit dir ein Stück des Weges teilen
auf der langen Reise
durch das Abenteuer Leben.

Mögen hilfreiche Erfahrungen dich prägen,
gute Menschen dir begegnen.
Nimm das Leben als ein Geschenk.
Gottes Segen möge dich begleiten
auf deinem Lebensweg.

Möge jede Gabe,
die Gott dir schenkt,
mit dir wachsen
und denen Freude schenken,
die dich mögen.

Gute Freundschaften mögen dich
ein Leben begleiten und deine Seele erfreuen.
Mögest du viel Kraft und Ausdauer finden,
sie zu pflegen und zu bewahren.

Mögest du lernen,
dich selbst mit der gleichen Freude,
dem gleichen Stolz und der gleichen Wonne
zu betrachten,
mit der Gott dich in jedem Augenblick gewahrt.

Möge dein Leben so vielseitig sein
wie die Farben des Regenbogens.

Ich wünsche dir bescheidenen Reichtum,
dazu eine herzerfrischende Fröhlichkeit
und viele Menschen, die dir Heimat sind.

Möge Gott dir die Gabe des Humors schenken,
immer ein offenes Ohr für einen Scherz,
die Gabe, die glückliche Seite des Lebens zu sehen,
und die Bereitschaft für einen neuen Spaß.

Ich wünsche dir die Fröhlichkeit
eines Vogels im Baum der Eberesche
am Morgen,
die Lebensfreude eines kleinen Fohlens
auf der Wiese am Mittag,
die Geduld und Ruhe eines Schafes
auf der Weide am Abend.

Für die Lebensmitte

Mögen sich deine Wünsche erfüllen,
auf dass du zufrieden bist,
aber mögest du noch weitere haben,
damit du ewig träumen kannst.

Ich wünsche dir, dass du dir die kleinen
und die großen Freuden nicht versagst,
die kleinen und die großen Abenteuer nicht
verbietest.
Dass du eine Gelegenheit zu lieben und geliebt zu
werden nutzt.
Denn ungelebtes Leben bedrückt dich am Ende wie
ein Stein.
Was du aber riskiert hast –
sei es gut gegangen
oder habe es schmerzvoll geendet –,
gibt dir am Ende das Gefühl,
wirklich lebendig gewesen zu sein,
und das wirkt am Ende deiner Tage
wie ein Segen.

Wir wünschen dir
Gesundheit des Lachens,
ein langes Leben,
ein starkes Herz
und immer etwas
Flüssiges im Mund.

Mögest du in deinem Leben
keine schweren Lasten tragen müssen,
und wenn es doch eine geben sollte,
mögest du eine Grube finden,
in der du sie abladen kannst.

Ich wünsche dir, dass dich all das Unerfüllte
in deinem Leben nicht erdrückt,
sondern dass du dankbar sein kannst für das,
was dir an Schönem gelingt.

Ich wünsche dir, dass die weißen Wolken
am Himmel deine versunkenen Träume
wieder neu aufsteigen lassen in dir
und deine wiedererweckten Sehnsüchte
dich in den Tag hinein bewegen.

Ich wünsche dir
genügend Erholung und ausreichend Schlaf,
Arbeit, die Freude macht,
Menschen, die dich mögen und bejahen
und dir Mut machen,
aber auch Menschen, die dich bestätigen,
die dich anregen, die dir Vorbild sein können,
die dir weiterhelfen, wenn du traurig bist
und müde und erschöpft.

Gott segne dich.
Er erhalte deine Neugier,
besonders auch in schweren Zeiten.
Denn immer hat Gott etwas mit dir vor,
auch wenn du es manchmal nicht verstehst.
Wenn du neugierig bist,
siehst du und hörst du besser und
wirst die Sprache des Schicksals vernehmen,
die dich auf einen neuen Weg lenkt.
Freue dich, so gehst du dem Segen entgegen,
den Gott dir zugedacht hat,
darum bleibe neugierig bis an dein Ende.

Möge es dir gelingen,
jenen Ort deiner Seele zu erreichen,
wo dich ein Überfluss an Liebe, Wärme,
Nähe und Vergebung erwartet.

Mögest du immer die Lücke entdecken,
die auch eine aussichtslose Lage hat,
die Lücke, durch die ein Strahl Gottes bricht
und auf die du voll Hoffnung zugehen kannst.
Denn der Segen Gottes ist kein Lückenbüßer
für dein Unvermögen,
sondern der Lückenbrecher,
durch den ein Engel zu dir kommt.

Möge es Momente in deinem Leben geben,
wo keine Vergangenheit das Jetzige trübt
und keine sorgenvolle Zukunft
dir das Erleben dieses Augenblicks verwehrt.
Auf dass du einfach da sein kannst,
ohne zu wollen,
ohne zu müssen,
nur dich spüren
in diesem Moment.

Ich wünsche dir,
dass der Wind deinen Atem belebt
und dich erfrischt zu neuen Schritten,
durch die Veränderung geschieht.

Ich wünsche dir nicht
den Himmel voller Geigen,
aber dass du sie manchmal hörst.
Ich wünsche dir nicht das Paradies auf Erden,
aber dass du oft davon träumst.
Ich wünsche dir nicht die ewige Liebe,
aber dass dich ihr Schein berührt,
Ich wünsche dir nicht die Erfüllung deiner
Sehnsucht,
aber dass du sie nie aufgibst.
Denn so, in der Ahnung von Wunderbarem,
das sich dir jetzt noch verschließt,
bist du ein Mensch unter Menschen
und hast auch die Kraft,
dem Neuen entgegenzugehen.

Mögest du an deinem 50. Geburtstag die Hälfte deines Lebens noch vor dir haben.

Eine sanfte Brise umfange dich,
wenn der Sommer kommt,
ein wärmendes Feuer sei dir nicht fern,
wenn der Winter naht.
Und immer stütze dich
das aufmunternde Lächeln eines Freundes!

Möge Gott die Dinge segnen,
die deinen Geist bewegen.
Er segne die Sache,
an der dein Herz hängt.
Er segne, worauf du deine Hoffnung gründest.
Der König der Könige
segne deine Augen.

Im Alter

Möge der schönste Sonnenaufgang,
den du in deinem Leben gesehen hast,
in deinem Herzen bewahrt sein
wie in einem Speicher:
Auf dass vor deinem inneren Auge
das zarte Rosa und der leuchtend rote Horizont
Hoffnung und Zuversicht
in dunklen Zeiten seien.

Mögest du die reichen Lebenstage
in deinem Herzen
in Dankbarkeit bewahren.
Möge die Gabe der Liebe
von Jahr zu Jahr wachsen,
damit du alle, die dich umgeben,
mit Freude erfüllst.
Mögest du auch in Stunden des Leids
gewiss sein, dass Gott dir zulächelt.
Suche seine Nähe.

Gott segne die Jahre deines Lebens.
Gott schaue auf die Jahre der Fülle.
Gott tanze mit der Freude.

Mögest du im Alter gesegnet sein
und mögest du dir selbst voller Liebe begegnen.
Mögen die guten Heiligen dich beschützen,
der Teufel aber vergesse dich!

Mögest du in deinem Herzen
dankbar bewahren die kostbare Erinnerung
der guten Dinge in deinem Leben.

Mögest du,
je länger du lebst, immer fröhlicher werden.
Mögest du lernen,
über deine eigenen Dummheiten und Irrwege
zu lachen
und dir selbst zu verzeihen.
Mögest du die tiefen Schluchten deiner Schuld
leichten Fußes überschreiten
auf deinem Weg in den Himmel,
wo du willkommen geheißen wirst.

Ich wünsche dir,
dass dich all das Unerfüllte in deinem Leben nicht erdrückt,
dass all deine Traurigkeiten
nicht vergeblich sind,
sondern dass du aus der Berührung
mit deiner Seele auch Freude
wieder neu erleben kannst.

Möge dir das Auge deiner Seele
so viel Erkenntnis schenken,
dass du die Zeit der Ernte zu segnen weißt.
Möge dir das Alter einen Vorgeschmack
von ewiger Freiheit geben
und dich nicht
mit Sorgen und Ängsten bedrücken.
Mögest du annehmen,
das zu ernten, was du gesät hast.

Mögest du in deinem Herzen
alle kostbaren Erinnerungen deines Lebens
in Dankbarkeit bewahren.
Das ist mein Wunsch für deine Lebensreise.

ERSTKOMMUNION, FIRMUNG, KONFIRMATION

Möge jede Gottesgabe
in dir wachsen und sie dir helfen,
die Herzen jener froh zu machen,
die du liebst.

Gottes Macht halte dich aufrecht,
Gottes Auge schaue für dich,
Gottes Ohr höre dich,
Gottes Wort spreche für dich,
Gottes Hand schütze dich.

Wusstest du schon? Gott ist dir nah.
Er ist immer ganz für dich da.
In deiner Angst spendet er Licht,
in der Wüste verlässt er dich nicht.
Er ist dein Begleiter auf all deinen Wegen.
Vertraue auf ihn.

Tritt in Gottes Spuren.
Er hat deine Schuhgröße
und führt dich auf sicheren Wegen.

Mögest du immer den Willen Gottes tun,
damit du nicht
wie ein unvorsichtiger Vogel bist,
der sich im Netz verfängt,
nicht wie ein leckgeschlagenes Schiff,
das jede Gefahr bedroht.
Nicht wie ein leeres Gefäß
oder ein verdorrter Baum.

Mögest du immer den Willen Gottes tun,
dann bist du wie ein Licht,
das immer leuchtet,
wie ein Gefäß aus Silber voll mit Wein.
Gesegnet sei der Weg deines Lebens.

Mögest du mit so vielen
Segenswünschen beschenkt werden,
wie Sandkörnchen am Meer,
wie Tautropfen auf der Wiese sind.

Herr, dein Heiliger Geist komme
mit deinem Segen über uns und erfülle uns.
Wir wollen in seiner Kraft deine Jünger sein,
deinem Wort folgen und deinen Willen tun.
Herr, stärke uns in diesem Vorhaben
und beschenke uns mit allem,
was wir dazu brauchen.

Jedem, der an den Herrn glaubt,
steht ein Engel zur Seite, wenn wir ihn nicht
durch unsere bösen Werke vertreiben.
Ein Engel behütet dich von allen Seiten
und lässt nichts unbeschützt.

Die Liebe des Schöpfers sei mit dir
und begleite dich.

Möge Gott dir immer gewähren:
Sonnenstrahlen, die dich erwärmen,
Mondlicht, das dich verzaubert,
einen Engel, der dich vor Schaden bewahrt,
Lachen, das dich erfreut,
treue Freunde, die in deiner Nähe sind,
und wann immer du betest,
dass der Himmel dich hört.

Möge Gott dir immer geben,
was du brauchst:
Arbeit für deine fleißigen Hände,
Nahrung für deinen hungrigen Leib, Antworten für deinen fragenden Geist,
Freude und Liebe für dein warmes Herz
und Frieden für deine suchende Seele.

Die gute Hand deines Gottes
Möge immer auf dir ruhen,
sein Licht möge dir leuchten,
wo immer du gehst.

Die Freude Gottes spiegle
sich in deinem Gesicht,
Freude für alle, die dich sehen.
Gottes Gegenwart erhalte dich,
die Engel Gottes
mögen dich beschützen.

Der Herr entzünde in dir
einen Funken der Liebe zu Verwandten,
Feinden und Freunden,
zu allen kleinen und großen Menschen.
Herr, entzünde ein Feuer, das nie vergeht.

Mögen die Engel Gottes
dich auf deinem Weg begleiten.

Möge dein Glaube
dich zu einem reichen Menschen
im Herzen werden lassen.
Äußeren Reichtum aber verachte und
lass dich von ihm nicht verführen.

Gottes Gnade falle wie Tautropfen auf dich herab,
Jesu Gnade komme über dich,
die Gnade des Heiligen Geistes erfülle dich
an jedem Tag und in jeder Nacht,
auf deinem Lebensweg zum ewigen Ziel.

Möge freundlicher Sinn sich breiten
in deinen Augen,
anmutig und edel wie die Sonne,
die aus dem Nebel sich hebend
die ruhige See erwärmt.

Möge der Segen des großen Regens
über dich kommen.
Möge er deinen Geist aufrütteln
und ihn waschen
und dort einen schimmernden Teich zurücklassen,
in dem das Blau des Himmels leuchtet
und manchmal ein Stern.

Möge der Heilige Geist
Besitz von dir ergreifen,
er schütze dich auf den Wogen des Meeres,
er schütze dich auf dem festen Land.
Auf allen Wegen lenke er deine Schritte
und führe uns zum ewigen Frieden.

Gott segne jeden Schritt deines Weges
und den Grund unter deinen Füßen.

SCHULABSCHLUSS

Was du auf der Schulbank
nicht lernen konntest,
möge das wahre Leben dich lehren.
Mögen hilfreiche Erfahrungen dich prägen,
gute Menschen dir begegnen.
Nimm das Leben als ein Geschenk.
Gottes Segen möchte dich begleiten
auf deinem Lebensweg.

Für einen Freund

Die starke Hand eines Freundes
möge dich halten,
und Gott möge dein Herz erfüllen
mit Freude und glücklichem Sinn.

Mögen deine Freunde dich achten,
Krankheiten dich vergessen,
Engel dich beschützen,
und möge der Himmel dich annehmen.

Mögest du in deinen Freunden
wahre Helfer in der Not haben.

Ich wünsche dir
unendlich viele Freunde
für jeden Tag,
dein ganzes Leben lang.

Mögest du deine Freunde
immer zu schätzen wissen.
Mögest du gut zu ihnen sein
und stets für sie und sie stets für dich
da sein

Ich wünsche dir,
dass dich die Dinge,
die du nicht sagen musst, reich machen.
Ich wünsche dir,
dass du dies nicht erklären musst,
sondern man dich versteht.

Die gute Hand eines Freundes
möge dich immer halten,
in schweren wie in guten Zeiten,
dir die Gewissheit geben,
dass du niemals einsam sterben wirst.

Mögen deine Taschen auch schwer wiegen,
dein Herz sei leicht wie eine Feder.

FÜR EIN PAAR

Ich wünsche euch,
dass jede geschenkte Gottesgabe
in euch wachse
und sie euch helfe,
die Herzen jener froh zu machen,
die ihr liebt.

Möge der Weg euch zusammenführen,
der Sturm euch nicht entzweihen,
und Sonne wärme eure Herzen.

Der Regen sei ein Segen für euch und die Welt.
Seine Frische möge euch Glück bescheren.

Möge das leuchtende Feuer in eurem Herd
auch in der dunkelsten Nacht nie verlöschen.

Möge der Herr auf euren Wegen
Zeichen des Neuanfangs setzen:
Neue Wege eröffnen,
alte Wege in neuem Licht euch zeigen.
Er führe euch sanft und öffne eure Augen.

Gott erhalte euch glücklich und gesund
und gebe euren Nachbarn
Liebe und Frieden,
und wenn die Zeit auf Erden
zum Ende kommt,
bringe Gott euch in das
königliche Haus des Himmels.

Gottes Segen sei mit euch,
der Segen des strahlenden Lichts.
Sonnenschein leuchte und erwärme eure Herzen,
bis sie zu glühen beginnen und
die anderen kommen,
sich an ihnen zu wärmen.

HOCHZEIT

Der Herr, der die Tiefen der Meere kennt,
führe euch durch den Sturm
zum sicheren Hafen.
Er segne die Steuerleute,
Anker und Ruder, Segel und Mast.
Er gebe ihnen die Weisheit,
den Wind zu durchschauen,
und lasse euch in Frieden heimkehren.

Möge eure Ehe gut sein,
und Gott möge immer mit euch sein.
Möget ihr niemals noch einmal heiraten.
Möge Gott euch nicht kinderlos lassen
oder als Witwer.
Möget ihr ein langes Leben haben
und glückliche Tage, und
möget ihr nicht aus diesem Leben scheiden,
bevor euer Kind entwöhnt ist.
Möge Gott euch Glück bringen.
Möge Gott euch euren Partner erhalten.
Mögen euch gute gemeinsame Zeiten begleiten.

Möge Gott euch segnen, ihr zwei,
die ihr vor ihm eins geworden seid.
Möge er euch begleiten auf eurem neuen
gemeinsamen Lebensweg.
Möge er euch stets genug an Gütern, Glück
und Zufriedenheit schenken, dass ihr gut leben
und mit anderen teilen könnt.
Möge er stets bei euch sein, wenn euer Weg
durch die Finsternis des Lebens geht.
Möge er euch beschützen und bewahren.
Und möget ihr ihn selber als Hüter
eures Lebens erfahren und preisen.

Möge Gott dir Glück verleihen und einen
guten Mann deinen Weg kreuzen lassen,
und wenn er nicht gut ist,
möge der Hochzeits-Whiskey
bei seiner Totenwache getrunken werden.

Meine guten Wünsche für euch
habe ich an den Himmel geschrieben.
Möget ihr eine lange Leiter finden,
um zu sehen, wie viele Stufen das Glück hat.

Möget ihr nicht erfahren, was Unglück ist, wohl
aber, was Segen bedeutet.
Möge es euch nicht gelingen,
euch Feinde zu machen,
doch gute Freunde zu gewinnen.
Ganz gleich, ob ihr arm oder reich seid,
möget ihr von heute an nur glücklich sein.

Mögen nur gute Zeiten eure gemeinsame
Lebensreise begleiten.

Das Licht des Himmels
leuchte über allen Dingen,
die ihr nun gemeinsam tun werdet.

Möge Gott euch nur aufbürden,
was ihr tragen könnt.
Zufriedenheit und Frieden lenke euren Schritt.
Möge der Segen,
der über euch ausgegossen ist,
immer mehr wachsen.

Nicht nur der Hochzeitstag möge euch
glücklich machen.
Kein Tag soll euch traurig sehen.
Möget ihr immer stark sein,
um die dunklen Wolken zu vertreiben
und dem Licht Einlass zu gewähren,
damit es eure Herzen berührt.

Ehejubiläum

Geschwister der Liebe,
seid gesegnet von Gott.
Er gehe euch immer voraus.
Er zeige euch den rechten Weg
und bewahre eure Ehe.
Er sei in euch, heile Verletzungen
und gebe euch immer wieder Mut,
neu zu beginnen.

Mögen immer die guten Worte,
die ihr einander sagt,
mehr wiegen als die Münzen in eurer Tasche.

HAUS- UND WOHNUNGSSEGEN

Möge dein Heim,
das du heute beziehst,
dir ein Gefühl vermitteln,
das dich immer
an die ewige Heimat erinnert.

Möge das Dach deines Hauses
nie rissig werden.
Möge die Tür an deinem Haus
nie aus den Angeln fallen,
das Feuer in deinem Herd
nie verlöschen.

Mögen Liebe und Lachen
deine Tage erhellen und deinen Herd
und dein Heim erwärmen.

Segne du, o Gott, die Wohnung
und jeden, der hier Nachtruhe sucht.
Segne du, o Gott, alle meine Lieben
in jeder Nacht und an jedem Tag.

Möge dein Dach nie einfallen
und mögen die, die darunter wohnen,
nie Streit bekommen.

Mögen die Mäuse
deinen Käse nicht zu sehr mögen,
mögen die Kaninchen
deine Blumen nicht zu schön finden
und mögest du zufrieden
in deinem Heim wohnen.

Mögen deine Sorgen gering,
die guten Wünsche für dich
aber zahlreich sein,
und nur das Glück trete
durch deine Tür.

Gott, segne den Vater dieses Hauses,
er segne den Mann und seine Frau,
er segne die Kinder, die hier aufwachsen,
er segne die Familie, jeden Einzelnen und
Frieden ruhe auf allen,
die dieses Haus betreten,
Frieden allen deinen Nachbarn,
Frieden komme über alle,
die dich darum bitten.

Der Herr segne dieses Haus:
Jeden Balken, jeden Stein,
jeden Flur, jeden Tisch,
um den wir sitzen,
die Zimmer und diese Tür,
die den Fremden willkommen heißt.
Möge sich diese Tür
den Armen ebenso öffnen
wie euren Verwandten und Freunden.

Möge Gott dich beschützen,
möge seine große Liebe in deinem Haus und
im Herzen aller bleiben, die darin wohnen.

Gott segne dieses Haus
vom Dach bis zu den Grundmauern,
er segne Fenster und Türen
und alle, die darin wohnen.
Gott segne das Haus mit Wärme und Licht.
Gott sei mit uns an diesem bewohnten Ort.

Möge Gott das Haus segnen,
jeden Stein und jeden Balken,
alle Nahrung, alle Getränke, alle Kleider.
Möge alle Welt immer gesund sein.

Gott segne diesen Raum.
Möge das Festmahl
Gemeinschaft mit Gottes Freunden sein.
Wie du die süßen Fruchtsäfte
der Schöpfung trinkst,
mögest du die Sanftheit
des Lebens Gottes in dich aufnehmen
und bewahrt bleiben
von den Giften des Neides.

Möge Gottes Hilfe
dir näher sein als die nächste Tür.
Möge dieser Tisch nicht nur hungrige Menschen versammeln,
sondern auch ein Ort
des Wortes und der Freundschaft,
des Lachens und des Zusammenhalts sein.

Möge der Segen des Himmels
in eurem Hause willkommen sein.

Gott erhalte dich gesund,
damit du die Früchte
deines Schaffens genießen kannst.
Möge dein Haus stets
vom Lachen deiner Familie widerhallen,
auch wenn die Geräusche der Arbeit
es übertönen.

Möge das Lachen die Menschen
an deinem Tisch festbinden,
die Fröhlichkeit ihnen Fesseln anlegen.
Um ihre Köpfe mögen Bande der Freundschaft
geschlungen sein.

Fülle dieses Haus
mit dem Geist der Gastfreundschaft.
Möge jeder, der sein Haupt hier bettet,
eingehüllt sein in die lieben Arme Gottes.

Aus deinen Augen
strahle das Licht wie von Kerzen
in den Fenstern deines Hauses,
das dem Fremdem Schutz gewährt.

Gott behüte euch,
er segne die vier Wände eures Hauses,
die euch schützen vor dem Wind.
Er segne das schützende Dach,
das euch bewahrt vor Regen und Unwetter.
Er segne das Feuer im Ofen, dass ihr Kälte und
Einsamkeit wirdersteht.

Für Gartenbesitzer

Mögen die Pflanzen in deinem Garten
sprießen und gedeihen,
auf dass lieblicher Duft der Blumen
in deine Nase weht
und du Früchte erntest von deinen Bäumen.

Gott segne die Frucht dieser Erde.
Möge Gott der Saat,
die wir der Erde anvertrauen,
Blüte und Frucht geben.
Möge Gott die Ernte segnen
und reich sein lassen.

Für unterwegs & Reisesegen

Gott segne mir die Erde,
auf der ich jetzt stehe.
Gott segne mir den Weg,
auf dem ich jetzt gehe.
Gott segne mir das Ziel,
für das ich jetzt lebe.
Du Immerdar und Immerdar,
segne mich auch, wenn ich raste.
Segne mir das, was mein Wille sucht,
segne mir das, was meine Liebe braucht,
segne mir das, worauf meine Hoffnung ruht.
Du König der Könige,
segne mir meinen Blick.

Gott möge immer bei dir sein,
dich schützend begleiten,
und dein Weg soll dich aufwärts führen.
Sonnenschein begleite deinen Schritt,
Wind möge dir den Rücken stärken.

Möge Gott jeden deiner Schritte
sicher machen,
möge Gott dir jede Klippe beseitigen,
möge Gott jede Straße für dich
begehbar machen
und möge er dich in den Griff
seiner eigenen zwei Hände nehmen.

Sei am Anfang deines Weges
voller Erwartung und Hoffnung
und am Ende voller Dankbarkeit.
Deine Freunde sollen dich wiedererkennen
bei deiner glücklichen Heimkehr.
Mögest du deine Reise nicht vor dem Ende loben,
Gott aber Tag und Nacht, Nacht und Tag.

Möge der gute Gott dich beschützen
im Osten und Westen, wohin du immer gehst.
Möge Christi Schutz dich für immer begleiten.

Mögest du immer wissen,
wohin du zurückkehren wirst.

Mögest du unterwegs die Fußstapfen
des Schutzengels an deiner Seite spüren.

Der Herr segne dich, wenn du gehen musst.
Er beschütze dich auf der schmalen Straße,
wenn du unterwegs bist.
Er gebe dir Platz, zu ruhen in seiner Burg,
und deinem Herzen Offenheit
für die Begegnungen auf deiner Reise.

Mögest du das Ziel deiner Reise
nicht aus den Augen verlieren,
und mögest du gesund und froh
von deiner Reise zurückkehren.

Der Wind stärke dir den Rücken.
Die Sonne erwärme dein Gesicht.
Der Regen schenke dir Frische.
Das Land soll dir Heimat sein.
Mögen deine Wege
zu friedlichen Orten führen.

Möge deine Straße
mit freundlichen Worten gepflastert sein
und fröhliche Gesichter als Wegweiser haben.

Mögest du die richtige Straße finden,
die an dein Ziel führt.

Licht möge um dich sein,
Licht außen und innen.
Wo du auch unterwegs bist –
mögest du freundlich gegrüßt werden
von dem, den du auf der Straße triffst.

Mögest du dich nie verirren.
Mögest du niemals straucheln,
wenn du hinausgehst.
Mögest du dich nie verirren,
wenn der Weg unsicher ist.
Wisse, du stehst unter dem Schutz dessen,
der die Welt in den Armen hält.

Mögen deine Schritte von Gott gesegnet sein,
ganz gleich, welchen Weg du gehst.

Wenn deine Schritte unterwegs ermüden, möge
die Straße dir entgegenkommen.

Mögest du an einem kalten Abend
warme Worte haben,
in einer dunklen Nacht den Vollmond
und auf dem Weg nach Hause
sanften Rückenwind.

Mögen deine Wege dich stets aufwärts führen,
auch wenn du durch dunkle Täler
und durch enge Schluchten musst.

Am Ende eines steilen Pfades
möge dich die wärmende Sonne grüßen.

Möge das Heimweh
dir immer den Weg nach Hause zeigen,
wo du auch bist.
Möge das Licht im Fenster deines Hauses
auch in der trübsten Nacht nicht verlöschen und dir
Wegweiser sein.
Möge das Lachen deiner Kinder
das Pfeifen des Windes übertönen
und den Klang des Regens vor deiner Tür.
Mögest du immer wissen,
wohin du zurückkehren wirst,
auch wenn deine Augen blind sind.

Die Augen Gottes mögen auf dir ruhen,
wenn du auf Reisen bist,
die Füße Christi leiten.

Wem du auch begegnest auf deiner Reise,
ein freundlicher Blick von dir
möge ihn treffen.
Möge deine Ankunft von Freude begleitet sein.

Möge Gott dich begleiten
und dich sicher wieder
an die Tür deines Hauses bringen.

Möge der Himmel
der Sonne immer ein Schlupfloch
für ihre wärmenden Strahlen offenhalten,
die dich begleiten mögen
auf deinem Weg.

FÜR SCHWERE ZEITEN

Ich wünsche dir Kraft und Mut,
die Steine aus dem Weg zu räumen.
Möge ein großer Turm daraus wachsen,
den du voller Freude besteigen kannst.
Und wenn du fällst,
mögen viele Arme sich dir entgegenstrecken,
um dich liebevoll aufzufangen.

Möge der Herr dich in seinen Armen bergen,
wo du in Sicherheit bist.
Dort brauchst du keine Angst zu haben.
Keiner weiß, was die Zukunft bringt,
aber Gott weiß es;
du kannst ihm vertrauen.
Möge er dir Kraft und Mut schenken
und dich behüten heute, morgen und allezeit.

Mögest du jeden Sturm überstehen
und gestärkt daraus hervorgehen.

Du sollst mutig weitergehen,
wenn ein schweres Kreuz
dir die Schultern drückt
und wenn der Berg vor dir
unbezwingbar scheint
und selbst das Licht der Hoffnung
unsichtbar scheint.

Gott schaut auf dich,
um dich zu behüten.

Wenn die Last des Tages
dich ins Wanken bringt,
möge die Erde für dich tanzen,
damit du dein Gleichgewicht wiedererlangst.

Mögest du von Rückschlägen
nie umgeworfen werden
und nicht zu lange deine Gedanken
darauf verwenden.
Ich wünsche dir, dass du den Mut findest,
weiterzumachen in deinem Tun.

Am Ende eines schweren Weges
möge dich die Wärme der Sonne empfangen.

Gott halte seine Hand über dir,
wenn die Klippen steil und
der Grund nicht mehr sichtbar ist.
Gott halte seine Hand über dir,
wenn die Nacht trostlos und
undurchdringbar ist.
Gott halte seine Hand über dir
auf dem Weg, den du gehst.
Gott halte seine Hand über dir.

Möge dein Herz stets offen bleiben,
wenn böse Worte dich verletzen
und Schmerz den Blick verwehrt
auf andere Seiten jenes Menschen.
Auf dass du von Zuversicht
deine Augen öffnen kannst
und Frieden und Vergebung findest.

Möge Gott dich mit Ruhe durchdringen,
so wie er den Sturm auf dem Meere stillte.

Mögest du getröstet werden,
wenn du ein tiefes Tal durchwanderst,
wenn vor dir alles nur
in undurchdringlichem Dunkel liegt.
Auf dass du Menschen findest,
die dir dann zur Seite stehen
und still mit dir das Licht
des neuen Tages erwarten.
Mögest du in der Gewissheit leben, dass kein Haar
von deinem Kopf fällt, das nicht gezählt ist, selbst
wenn ein bitterer Sturm wütet.

Ich wünsche dir den Frieden,
der über der Meeresdünung liegt,
den Frieden einer sanften Brise,
den Frieden der atmenden Erde,
den Frieden einer kalten Nacht
unter den Sternen.

Mögen die Gewichte des Leids,
das dich niederdrückt,
durch zwei starke Engel aufgefangen werden.

Mögest du jeden Tag spüren,
dass auch die dunkelste Stunde
einen göttlichen Schimmer besitzt.

Mögest du auch auf einsamen Wegen
den Schritt deines Schutzengels hören.

Möge der Wind dich liebkosen,
wenn du traurig bist,
die Sonne dich umhüllen,
wenn es dir schlecht geht.
Möge der Regen die Tränen
aus deinem Gesicht waschen,
die du in traurigen Stunden weinst.

Mögest du immer ein gutes Wort hören,
auch an einem kalten Winterabend,
wenn Vollmond die trügerische Nacht erhellt, und
mögest du eine Straße finden,
die dich sicher nach Hause bringt.

Wie tiefdunkel die Nacht auch sein mag,
möge Gottes helles Licht sie erleuchten
und uns ans Ziel führen.

Über die Zeit des Alleinseins,
finde die Kraft,
zu dir selbst zu finden.
Er stärke dich für die
schweren Stunden der Einsamkeit und der Sorge.

Möge Klarheit sich spiegeln
am Grunde deines Herzens,
rein sei deine Seele
wie ein See ganz oben im Gebirge.

Die Hand Gottes möge ein Ruhekissen
für dein müdes Haupt sein.
Wenn du dich noch mit deinem Bruder versöhnen
musst,
mögest du auf einem harten Stein schlafen.

ZUSPRUCH

Mögest du bei allem den Humor nicht
vergessen,
um manche Dinge mit mehr Gelassenheit
zu nehmen.

Mögest du immer bedenken,
dass da, wo Schatten fällt, es auch Licht gibt.

Möge keine Traurigkeit deine Freude trüben,
und sollte ein letzter Rest noch vorhanden sein,
so gib sie der Amsel mit,
damit die sie weit von dir trägt.

Mögest du jeden Tag spüren,
dass auch die dunkelste Stunde
einen göttlichen Schimmer besitzt.

Mögest du nie dein Lachen verlieren,
auch wenn die Zeiten stürmisch sind.
Du schenkst es nicht nur dir,
sondern auch deinem Gegenüber.

Möge Gott niemals dein Herz verhärten
lassen.

Mögest du lernen,
deinem Selbst ein guter Freund zu sein.

Was immer auch deine Mühen und
Träume sind
in der lärmenden Verwirrung des Lebens –
halte Frieden mit deiner eigenen Seele.

Mögest du den Zweifeln nicht zu viel Raum
und Rückschlägen nicht zu viel Aufmerksamkeit
schenken.

Wo auch immer das Glück sein mag,
mögest auch du dort sein.
Wo ein freundliches Lächeln ist,
möge es dir gelten.
Wo die Sonne scheint,
möge sie dir den Tag
so hell wie möglich machen.

Möge der letzte Tag in deinem Leben
dich an das Tor der Glückseligkeit führen.

Mögen die, die dich lieben,
im Himmel deine Gesellschafter sein.

Der Gott,
der dich schuf, geleite dich.
Der Gott,
der dich bei deinem Namen rief, führe dich.
Der Gott,
der immer um dich ist,
zeige dir den Weg ins Paradies.

Das Grün der Wiesen erfreue deine Augen,
das Blau des Himmels
überstrahle deinen Kummer,
die Sanftheit der Nacht
mache alle dunklen Gedanken unsichtbar.

Möge die Dunkelheit der Nacht
nie so undurchdringlich sein,
dass nicht das kleinste Stoßgebet
den Weg in den Morgen erhellen könnte.

Möge der Abend
dich mit seinen sanften Schatten umhüllen,
aber die Nacht
dich nicht in Finsternis tauchen.

Möge die Macht Gottes dich behüten.
Möge die Weisheit Gottes dich lehren.
Möge die Hand Gottes dich beschützen.
Möge der Weg Gottes dich lenken
in den Stürmen des Lebens.

Ziehe dich nicht zurück
in die Burg deiner Gedanken,
teile Freud und Leid
mit deinem Nächsten.
Der Vater im Himmel segne und tröste dich.
Er erfülle dein Herz mit Freude
und nehme die Sorgen von dir.

Möge dich auch die kälteste Nacht
nicht von Gottes wärmender Liebe trennen.

Möge es dir vergönnt sein,
nach Zeiten der Unzufriedenheit
und des Neides
wieder Versöhnung mit dir zu finden.

TRENNUNG, EINSAMKEIT

Ich wünsche dir,
dass du die Zeiten der Einsamkeit
nicht als versäumtes Leben erfährst,
sondern dass du beim Hineinhorchen
in dich selbst
noch verborgene Dinge in dir entdeckst.

Bedenke, dass du auch auf dem einsamsten
deiner Wege nie allein bist.
Wenn du an Gott denkst,
lauschst und aufmerksam gehst,
hörst du den Schritt deines Engels.

Mögest du dich in Stunden, die du allein bist,
nie einsam fühlen.

Möge Gott dich sicher
durch den Schlaf bringen in dieser Nacht –
bis morgen früh.

Krankheit, Genesung

Ich wünsche dir,
dass du erfahren mögest,
dass alles, woran du gelitten hast,
nicht vergeblich gewesen ist
und dass in dir Kräfte wachsen,
die dir helfen,
deine Begabungen zu entfalten
und die Beziehungen zu Menschen,
die deinem Herzen nahestehen,
heilvoll und fruchtbar zu gestalten.

Möge Gott unsere Seele
und unseren Körper schützen,
damit wir voll Geduld
unsere Last tragen können.

Mögen starkes Kopfweh und kleines Fieber immer einen großen Bogen um dich machen.

Mögen zärtliche Hände dich berühren,
wenn du krank bist,
wenn Schmerzen dich wachhalten und
Gedanken unaufhörlich kreisen.
Auf dass du nie allein sein musst
in solchen Tagen und immer
weiche Kissen dir Geborgenheit
und Wärme schenken.

Möge der Vater zu deinen Füßen stehen,
der Sohn zu deinen Knien,
der Heilige Geist sei in deinem Herzen,
und Maria wache über dich.

Gottes Huld umgebe dich,
Gottes Güte begleite dich,
Gottes Erbarmen ermuntere dich,
Gottes Geleit beflügele dich
heute und alle Tage deines Lebens.

Möge der Morgen dich beim Aufwachen
frisch und fröhlich antreffen.

Tod

Gott sei ihren Seelen gnädig,
Gott stütze sie,
Gott stütze sich auf ihre Seelen,
Gott sei ihnen gnädig.

Möge der geliebte Mensch,
von dem der Tod dich trennte,
dir immer in deinen Gedanken bleiben.
Ich wünsche,
dass du ihn gehen lassen konntest
mit dem Dank dafür,
dass ihr euch begegnet seid.
Möge in dir die Gewissheit wachsen,
dass du ihn wiedersehen wirst.
Und mögest du innewerden,
dass du eines Tages wieder ganz sein kannst –
bereichert um alles, was er dir gewesen ist.

Möge der König seiner/ihrer Seele
wohlwollend sein.

Möge die arme Seele
auf deiner geschützten Seite sein, o Herr.

Möge Gott seiner Seele das himmlische
Königreich zuteil werden lassen,
und möge er ihm dorthin den Weg ebnen.

Möge Gott den Verstorbenen
für die Arbeit seines Lebens belohnen.

Möge Gott für den Verstorbenen das
Himmelslicht entzünden.

Möge Gott ihrer Seele
himmlischen Schutz gewähren
und das Vergeben, das sie sucht.

Ist es nicht gut und voller Trost
mit dem Segen Gottes.
Tausend Segen Gottes mögest du erhalten.

Ostern

Möge der auferstandene Christus
dich im Lichte des neuen Tages segnen.
O König der Könige,
der du den Tod überwunden hast,
steh uns bei.
Wie uns die Sonne den neuen Tag bringt,
so schenkst du uns neue Hoffnung.
Das Blut aus deinen Wunden
verwandelt sich zum Quell neuen Lebens.
O Jesus,
sei bei uns in der Nacht und am Tag.

WEIHNACHTEN

Mögen Gott, Maria und die Heilige Familie
es uns wohlergehen lassen.
Hilf uns, Herr, mit dem auszukommen,
was wir haben,
und schenke uns eine gute Gesundheit.

Segen sei mit dir,
der Segen strahlenden Lichts,
Licht um dich her und
innen in deinem Herzen.

Möge die Liebe Gottes wie eine Kerze
in deinem Herzen brennen –
leuchtend und wärmend.

Wenn eisiger Wind und Kälte
dir entgegenschlagen,
möge die Liebe Gottes dir Schutz sein,
dir Wärme und Halt geben.

Gott ist in jedem Lichtfleck,
der sich in deinem Herzen spiegelt.

Möge Gottes helles Licht
dir jede Nacht erleuchten,
um dich nach Hause zu führen.

Möge der Engel,
der in die Welt
die Botschaft vom Frieden brachte,
an deinem Haus nicht vorübergehen,
und möge das Kind, das hinter der Armut seine
Göttlichkeit verbarg,
in deinem Herzen eine Wohnung finden.

Möge deine Zeit behütet sein,
dein Schritt vom Segen
des Himmels begleitet werden.
Und der Frieden,
den das himmlische Kind in die Welt brachte,
sei auf allen Wegen dein Gefährte.

Möge der, der wahrer Mensch und
wahrer Gott ist, dir begegnen
und dich mit seinem Frieden erfüllen.

Möge die Liebe,
die Maria ihrem Sohn schenkte,
die ganze Welt dir schenken,
dass du sie weitergibst
an deine Kinder und Enkel.

Möge das Licht des Morgensterns
auch die Dunkelheit in dir erleuchten
und dein Herz erwärmen.

JAHRESWECHSEL

Mögest du die reichen
Lebenstage in deinem Herzen
in Dankbarkeit bewahren.
Möge die Gabe der Liebe
von Jahr zu Jahr wachsen,
damit du alle, die dich umgeben,
mit Freude erfüllst.

Möge dir die Tür des kommenden Jahres
den Weg zu Frieden, Glück, Freude
und stillem Zufriedensein öffnen.

Gesegnet sei das neue Jahr,
gesegnet Jesu Namen,
gesegnet dieser Gnadentag,
denn Gott will sich erbarmen.
Wir ziehen an ein neues Herz
und opfern uns dem Herren,
kein anderes Geschenk will er,
als dass wir ihn begehren.

Mögest du in deinem Herzen
das vergangene Jahr
in Dankbarkeit bewahren.

Mit jedem Jahr wachsen die Gaben,
die Gott dir schenkte,
um alle, die du liebst,
mit Freude zu erfüllen.

In jeder Stunde, Freude und Leid,
lächelt der Menschgewordene dir zu –
bleib in seiner Nähe.

Gott segne dich im neuen Jahr.
Er beschirme dich in seiner Obhut
und fülle dein Leben mit Liebe.
Gottes herzliche Einladung leuchte
für alle deine Mitmenschen sichtbar
aus deinem Herzen hervor.
Und der Friede Christi begleite dich
durch jeden neuen Tag,
bis das vollkommene Leben beginnt.

Ich wünsche dir,
dass das alte Jahr in Ruhe zu Ende geht.
Dass du alles,
was nicht nach deinen Wünschen war,
ins tiefe Meer des Vergessens wirfst.
Dass du nur behältst, was dir Gutes gelang
und was dir geschenkt wurde.
So wirst du getrost dem neuen Jahr
entgegensehn.
Es soll dir bescheren ein Päckchen Glück
und etwas Trübes.
Das eine, damit du dich drüber freust,
das andre, damit du's vom Guten unter-
scheidest.

Möge die Freude
eines lustigen irischen Liedes
und alles Glück der Kleeblätter
das ganze Jahr über mit dir sein.
Mögen dich viele Segenswünsche erreichen.
Mögest du Gemeinschaft und Freude haben,
um alle Wege des Lebens zu genießen.

Möge das neue Jahr dich
mit seinen Geschenken beglücken:
mit den duftenden Blumen des Frühjahrs,
der wärmenden Sonne des Sommers,
der reichen Ernte des Herbstes.
Der Winter aber schenke dir
die Zeit der Stille für deine Seele.

Das neue Jahr, Herr, hat nun begonnen.
Segne mich in allem, was kommt.
Voller Dank für deine Gegenwart
seien die Tage,
die du mir schenken willst.
Segne meine Augen, Gott,
damit ich dich lobe für das, was sie sehen.
Ich will segnen meine Nachbarn,
und ihr Segen möge mir gelten.
Gib mir ein offenes Herz und Hände, die teilen,
und mache mich zu einem Segen
in deinem Namen.

Segne den ersten Tag,
mein Gott,
und den letzten.

Meine Hände mögen segnen,
was sie berühren.
Meine Ohren mögen segnen,
was sie wahrnehmen.
Meine Augen mögen segnen,
was ihnen begegnet.
Mein Mund möge segnen,
mit jedem Wort.

Lass mich nicht aus deinen Augen,
mein Gott,
aus deinen Händen,
aus deinem Ohr,
aus deinem Herzen
an diesem Tag
und alle Tage des Jahres,
das kommt.

Freundlich hast du mich
aus dem Dunkel der Nacht
zum Licht des neuen Tages geführt.
Lob sei dir, guter Gott!
Segne diesen Tag und alle meine Tage,
die ich unterwegs bin zu dir.
Auf schmalen Straßen
komme ich zu deiner bergenden Burg.
Schütze mich auf dem Meer
und auf dem Land,
wie du Brendan geschützt hast
und Bran.

Möge der Rest des Jahres
ohne Krankheiten an dir vorübergehen.
Möge Gott in schlechten Zeiten
für deine geistigen und körperlichen Bedürfnisse
sorgen.

Möge das Jahr gut zu dir sein.
Mögen dich viele Segenswünsche erreichen,
mögest du Gemeinschaft und Freude haben,
um alle Wege des Jahres sicher zu gehen.

Mögest du in deinem Herzen
das vergangene Jahr in Dankbarkeit bewahren.
Mit jedem Jahr wachsen die Gaben,
die Gott dir schenkte,
um alle, die du liebst,
mit Freude zu erfüllen.

Herr, segne die Arbeit des Jahres
und aller Jahre, die noch kommen werden.
Möge deine Hand, o Herr,
auf ihr ruhen und sie segnend begleiten.

Aufmunternde Worte

Mögest du in jeder Kleinigkeit
ein Samenkorn für deine Lebensfreude finden.

Ich wünsche dir genug Raum
für deine Kreativität und Schaffenskraft,
doch mögest du kein Wolkenschloss bauen.

Erwarte von dir heilsame Selbstbeherrschung,
im Übrigen aber sei freundlich und sanft
zu dir selbst.

Mögest du in deinem Leben
die Gegenwart,
die Kraft
und das Licht deiner Seele
entdecken.

Mögest du die Widersprüche in der Welt
auf dich wirken lassen
und die richtige Antwort für dich finden.

Ich wünsche dir die Muße zum Innehalten,
auf dass du Kraft sammeln mögest
für jeden neuen Tag.

Ich wünsche dir einen Regenbogen
nach Regenschauern an einem Sonnentag.

Mögest du in allem, was du tust,
die Schönheit deiner Seele erblicken.

Mögest du so leben,
dass du das Leben zu nutzen verstehst.

Mögest du keine Grenzen kennen,
wenn du etwas Gutes tun kannst.

Mögest du immer einen Blick haben
für den keimenden Frühling,
für den sprießenden Sommer,
für den reifen Herbst und
für den bewahrenden Winter.

Mögest du Liebe geben können,
damit die Wüste um dich sprießt.

Möge es dir zu vergönnt sein,
dich nach Stunden der Unzufriedenheit
wieder mit dir zu versöhnen.

Mögest du ein gutes Gedächtnis haben,
wenn du an gute Menschen denkst,
aber ein kurzes,
wenn du an schlechte denkst.

Möge Gott ausreißen und vernichten,
was der Widersacher in dir gepflanzt hat.

Vor Gott sind alle Menschen gleich,
doch er liebt die besonders,
die sich ihm als schwarze Schafe
zu erkennen geben.

Möge der Schlaf der Nacht
und die wärmende Sonne am Morgen
dir Kraft für das neue Tagwerk schenken.

Möge Gott die,
die das Essen verdienen, beschützen.
Möge Gott die Menschen,
die auf dem Feld arbeiten,
vor Unglück bewahren.

Dein Lächeln soll für den, der friert,
der beste Mantel aus Lammfell sein.

Dein Herz möge ruhen in der Nacht,
wenigstens in der Nacht mögest du ruhen.
Besänftige die Wünsche,
die dich nicht ruhen lassen.
Gib dich preis ohne Rücksicht
in die stets offenen Hände des Herrn.

Mögest du arm an Unglück,
reich an Segen sein,
zu schwerfällig,
um dir Feinde zu machen,
schnell, um Freunde zu finden,
aber ob reich oder arm,
langsam oder schnell –
mögest du von heute an nur Glück kennen.

Humorvolle Wünsche

Möge der Teufel am Tag deines Todes
von der Influenza geplagt werden.

Möge dein Schutzengel am Tag des Gerichtes
seine beste Stunde haben.

Mögen die Heiligen dich beschützen,
der Teufel aber vergesse dich!

Möge der Erzengel Michael,
der deine Seele am Tag des Gerichtes wiegt,
die Gewichte zu deinen Gunsten vertauschen.

Möge der Teufel den Tag deines Todes
verschlafen.

Möge der Herr dich in seiner Hand halten –
aber nie seine Faust zu fest zumachen.

Möge der Teufel eine schlechte Buchführung haben.

Mögest du 100 Jahre alt werden,
der Teufel möge aber nur bis 99 zählen können.

Nimm die Welt ungezwungen und leicht,
und möge sie es mit dir ebenso tun.

Mögest du immer ein sauberes Hemd haben,
ein reines Gewissen
und einen Glückspfennig in der Tasche.

Möge dein Schutzengel
nie mehr Arbeit mit dir haben
als der Besitzer eines Sacks Flöhe.

Möge der Regen auf deinem Weg
nie so wild sein wie ein gereizter Stier.
Der Regen meide dich,
nicht aber deine dürstende Saat.

Möge das schwarze Schaf in deiner Herde nicht
der irrigen Ansicht sein,
dass alle anderen Fehlfarben tragen.

Mögen deine Feinde die Bienen hören,
aber mögest du den Honig ernten.

Mögen deine Feinde Moorwasser trinken, während du Whiskey zu dir nimmst.

Verachte nie einen Schwachen oder Armen,
er könnte im Himmel
mehr Kredit haben als du.

Möge dich nie eine schlechte Nachricht
von hinten anspringen,
wenn sie aber unverhofft kommt,
habe einen breiten Rücken.

Mögest du glücklich sein
und am Ende aller Regenbogen
einen Topf voll Gold finden.

Mögest du niemandem
das Fell über die Ohren ziehen,
außer einem Hasen.

Möge Gott verhüten,
dass du jemals etwas hast,
das deinem Nachbarn gehört.

Möge eine schlechte Nachricht
nie schneller sein, als du laufen kannst.

Biete dem Engel,
der deine Seele heimwärts trägt,
keinen Whiskey zum Dank an,
damit er den Weg zum Himmel nicht verfehlt.

Mögest du notfalls mit einem Stehplatz
im Himmel zufrieden sein,
statt mit einem weichen Bett
in der Hölle vorliebzunehmen.

Mögen die guten Kräfte des Himmels
dich beschützen,
der Teufel aber mag dich vergessen.

Möge die Katze
dir nicht in den Milchtopf treten,
der Hund den Butternapf nicht umstoßen,
die Maus den Schinken nicht riechen.
Mögest du Nachsicht haben
mit der Tollpatschigkeit der Tiere,
so wie du dir deine eigene Ungeschicklichkeit
verzeihst.

Mögest du nie so schlecht hören,
dass du die Posaune
des Jüngsten Tages überhörst.

Möge auf all deinen Wegen
dein Schutzengel dich begleiten
und dir dort, wo er dir nicht folgen kann,
einen kräftigen Knotenstock in die Hand geben.

Gott ist gut -
aber tanze nicht
in einem kleinen Boot.

Mögen deine guten Gedanken
und Unternehmungen
niemals durch die Hinterlist und Tücke
des Teufels vereitelt werden.

Mögest du dir nie die Hand verstauchen,
die mit den Armen teilt.

Wenn du etwas Gutes tun kannst,
mögest du Hände
so groß wie Schaufeln haben.

Lehn dich zurück,
wenn dir das Werk der Arbeit gelungen ist,
aber nicht so weit,
dass du ihm zu Füßen liegst.

Mögen deine Sünden
nie mehr wiegen als ein Federkissen.

Möge dein Webstuhl
nur gute Gedanken
zu wärmenden Tüchern
für kältere Zeiten weben.

Wenn Gott dich auf einen steinigen
und holprigen Weg schickt,
möge er dir feste Schuhe geben.